7.
Lk 8.

4. Septembre 1641.

TRANSLATION,
PRIVILEGES ET STATVTS
de l'Abbaye de Noſtre Dame de Berthaucourt en la Ville d'Abbeuille, Dioceſe d'Amiens.

A MONSEIGNEVR
*L'Illuſtriſſime & Reuerendiſſime
Eueſque d'Amiens.*

MONSEIGNEVR,

Sœur Margueritte de Bournel Abbeſſe de Noſtre Dame de Berthaucourt, Ordre de S. Benoiſt, dans voſtre Dioceſe & de voſtre Iuriſdiction : Vous Remonſtre tres-humblement que ſon Monaſtere eſtant ſcitué au dela de la riuiere de Somme, & que depuis la Declaration de la Guerre, elle & ſes Re-

A

ligieuses ont esté contrainctes de se retirer la pluspart chez leurs parens en diuers lieux, tant pour la necessité de viure, que pour ne pouuoir retourner en ladite Abbaye, à cause qu'elle a esté ruynée par les gens de Guerre, & la plus grande partie des bastimens bruslez, en sorte qu'il luy est impossible de les pouuoir restablir, & quand ils le seroient elle & ses Religieuses seroient continuellement au hazard d'estre pillez & volez, ce qui a faict resoudre la Suppliante de se retirer en la Ville d'Abbeuille, & se disposer d'y faire bastir vne maison en quelque lieu commode pour s'y renfermer, celebrer le Diuin seruice, & pratiquer auec toutes ses Religieuses l'obseruance de sa Regle en closture perpetuelle, la disposition du Concile de Trente desirant que les Religieuses se retirent dans les bonnes Villes, & d'autant que ceste Ville d'Abbeuille est la plus proche & la plus commode : Elle a pris dessein d'y faire son establissement soubs vostre permission.

Ce consideré MONSEIGNEVR, & ayant esgard à ce qui a esté cy dessus exposé : Il vous plaise permettre à la Suppliante de transferer son Monastere du Village de Berthaucourt en la Ville d'Abbeuille, pour y viure soubs vostre conduitte & Iurisdiction en closture perpetuelle, & y obseruer ses sainctes Regles auec toutes ses Religieuses, ce faisant elle & sesdites Religieuses seront d'autant plus obligees à la continuation de leurs vœux & prieres pour vostre prosperité & santé.

Presenté le quatriesme iour de Septembre mil six cens quarante vn. Signé Sœur Margueritte de Bournel Abbesse, Sœur Anne de Bigand Prieure, Sœur Marie Dipre Sacristaine, &c.

Permission de transferer l'Abbaye en la Ville d'Abbeuille.

FRANCOIS par la grace de Dieu Euesque d'Amiens: Veu la Requeste à nous presentée de la part de nostre tres chere en Iesus-Christ, la Reuerende Mere Sœur Margueritte de Bournel Abbesse de N. Dame de Berthaucourt Ordre de S. Benoist de nostre Diocese, à ce que pour les causes contenuës en ladite Requeste: Il nous plaise luy permettre de transferer son Monastere du Village de Berthaucourt en la Ville d'Abbeuille, pour auec ses Religieuses y viure, demeurer & obseruer ses vœux en closture

A ij

perpetuelle: Nous defirans pouruoir autant qu'il nous est possible au repos & à la seureté des ames qui nous sont commises, inclinans fauorablement à ladite Requeste, auons loüé & aggreé la resolution prise par ladite Reuerende Abbesse de viure à l'aduenir auec ses Religieuses de sa maison en closture perpetuelle, & ce faisant auons permis & consenty, permettons & consentons estre bastie & construitte vne maison dans ladite Ville d'Abbeuille de nostre Diocese, dans laquelle ladite Reuerende Abbesse se puisse enfermer auec sesdites Religieuses, y celebrer le Diuin seruice, & pratiquer en closture perpetuelle l'obseruance de sa Regle. En témoin dequoy nous auons signé ces presentes, & icelles faict contre-signer par le Secretaire ordinaire de nostre Euesché. Donné à Amiens le quatriesme iour de Septembre mil six cens quarante vn. Signé FRANCOIS Euesque d'Amiens. Et plus bas, Par mondit Seigneur Illustrissime & Reuerendissime Euesque d'Amiens PICARD.

Permiſsion de dire la Sainɛte Meſſe, & de benir le .Cimetiere.

FRANCISCVS miseratione diuina Ambianensis Episcopus notum facimus vniuersis quod nos permisimus & permittimus, sacram Missam celebrari à Presbytero per nos approbato in sacello, de nouo constructo domus seu Conuentus Monialium de Berthaucourt Abbatisuillæ de nostra permissione, nuper pro causis nobis expositis translatorū, dummodo dictum sacellum fuerit decenter ornatum, & in eo sit situm altare portatile seu lapis consecratus, & quoniam alijs sumus præpediti negotijs de probitate, capacitate, & experientia Decani Christianitatis dicti loci Abbatisuillæ in Domino cōfidentes eidem benedicendi & sanctificandi, certam terræ partem in dicta domo ad inhumanda dictarum Monialium, si quæ decesserint corpora, seruatis solemnitatibus in talibus assuetis, licentiam & facultatem concedimus & impertimur per præsentes, in cuius rei testimonium sigillum nostrum cum signo Secretarij Episcopatus nostri ordinarij præsentibus duximus apponendum. Datum Ambianis anno Domini millesimo sexcentesimo quadragesimo secundo, die vndecima mensis Ianuarij. Signatum FRANCISCVS Episcopus Ambianensis : Et infra PICARD..

Statuts & Reglemens de l'Abbaye de Nostre Dame de Berthaucourt.

NOVS Abbesse & Religieuses de Nostre Dame de Berthaucourt, Ordre de S. Benoist, Diocese d'Amiens, soubs signez, Confessons & promettons à Dieu de garder les vœux que nous auons faits en ladite Abbaye, qui sont pauureté, chasteté & obedience, & en outre de faire & garder le vœu de closture perpetuelle en nostre maison d'Abbeuille, sous l'obeyssance de Monseigneur d'Amiens nostre Superieur, selon la Regle de nostre Pere S. Benoist, mitigée & authorisée par nos SS. Peres les Papes & ce aux peines portees par icelle, à la reserue du linge & de la viande, ainsi qu'il ensuit, & conformément à l'vsage de ladite Abbaye de Berthaucourt : Sçauoir, que

Ladite Abbesse & Religieuses pourront porter linge, auoir licts & linceux, ainsi qu'elles ont tousiours faict.

Pourront manger de la viande tous les

iours que l'Eglife le permet, excepté le temps de l'Aduent & tous les Mercredis de l'année, & toutes les veilles des Feftes de Noftre Dame.

Garderont tous les ieufnes commandez de l'Eglife, & en outre le temps de l'Aduent, & tous les Vendredis de l'année, excepté depuis Pafques iufques à la Pentecofte.

Se leueront tous les iours à fix heures.

A fix heures & demie feront l'oraifon iufques à fept heures.

A fept heures iront à l'Eglife où elles diront Prime & Tierce.

Apres Prime iront en leurs Chambres où elles garderont le filence, & feront leurs Chambres & autres œuures, felon leurs offices & ouurages de la maifon.

A huict heures trois quarts diront Sexte.

A neuf heures affifteront à la Meffe en tout temps, excepté en l'Aduent & en Carefme, & autres iours de ieufnes qu'elles la feront dire à dix heures, & les Feftes & Dimanches à neuf heures.

Diront None apres la Meffe.

Difneront à dix heures & demie en tout temps, excepté les iours de ieufnes qu'elles difneront à vnze heures & demie.

Diront les graces selon leur Ordre où au Conuent où à l'Eglise, comme il est porté par leur Regle.

Apres les graces les Filles iront à la recreation iusques à vne heure.

Depuis vne heure iusques à trois les Dames trauailleront aux ouurages communs de la maison, selon qu'il sera besoin & plus necessaire.

A trois heures diront Vespres, apres lesquelles feront vne demie heure d'oraison.

Apres l'oraison diront Complie à la fin desquelles chanteront les Litanies de la S. Vierge.

A six heures & demie souperont où feront collation, & diront les graces comme il est ordonné.

Feront faire lecture pendant le disner & souper, iusques au signal donné par l'Abbesse.

A sept heures & demie du soir diront Matines, apres lesquelles feront leur examen de conscience, & se retireront en silence dans leurs Chambres pour se coucher à neuf heures & demie.

Chanteront la Messe & Vespres tous les iours de Festes & Dimanches, & les autres iours, & tout le reste de leur seruice le diront & Psalmodiront tout droict, tant qu'il y aye des Filles en nombre suffisant pour le chanter.

Feront tous les ans la Feste & Octaue de la Dedicace de leur Eglise, le iour que Monseigneur d'Amiens leur ordonnera.

Les Dames & Religieuses Nouices capables, se Confesseront & Communieront au moins tous les Dimanches & Festes principales de leur Ordre, de la Vierge, & autres Festes solemnelles.

Les Dames pourront quatre fois l'année prendre tel Confesseur de la Ville que bon leur semblera, en demandant permission à Madame l'Abbesse, & ne pourront se Confesser pendant le seruice, sans excuse legitime & sans permission.

Les Nouices & Escolieres estudiront pendant les heures de trauail, & qui ne seront point occupez pour le seruice, selon ce que dessus.

Les examens & meditations seront reglez & ordonnez par les Directeurs & Confesseurs.

Ne pourront receuoir ny escrire aucunes lettres, ny aller aux parloirs, sans la permission de l'Abbesse.

Ne pourront tenir ny posseder aucuns biens hors de leur maison, en laquelle elles pourront posseder en leur particulier toutes les choses necessaires pour leurs vsages & necessitez, tant pour leurs chambres, que pour leurs vestemens & linges, en demandant permission à leur Abbesse.

Lesquels Statuts & Reglemens promettons garder & obseruer tout le temps de nostre vie, sans y contreuenir en aucune façon, si ce n'est en cas de necessité de maladie, où autre excuse legitime & auec permission, & afin de pratiquer plus facilement lesdits Statuts : Nous promettons prendre & receuoir en nostre ditte maison d'Abbeuille deux Filles Religieuses Professes de nostre dit Ordre de S. Benoist, sages & vertueuses, & capables de monstrer & seruir d'exemple pour garder lesdits Reglemens, & ce dans trois mois du iour de nostre establissement en nostre ditte maison de closture à Abbeuille, pour le temps & espace de six mois où d'vn an, selon le besoin & la necessité de ladite maison, & soubs le bon plaisir de Monseigneur d'Amiens nostre Superieur, auquel nous auons promis & promettons obedience. Faict à Abbeuille le septiesme iour du mois de Ianuier mil six cens quarante deux. Signé Sœur Margueritte de Bournel Abbesse, Sœur Anne de Bigand Prieure, Sœur Marie Dipre Sacristaine, Sœur Marie de Lespiné, &c.

Approbation des Statuts & Reglemens.

FRANCOIS par la grace de Dieu Euesque d'Amiens : Veu les Statuts & Reglemens cy dessus, auons iceux loüez, aggreez & approuuez, loüons, aggreons & approuuons. Et à ce qu'ils puissent estre plus exactement obseruez & entretenus. Nous auons permis & permettons à ladite Reuerende Abbesse d'appeller & receuoir en son Monastere deux Filles Religieuses Professes dudit Ordre S. Benoist d'vne maison reformée, pour monstrer & seruir d'exemple à l'obseruation desdits Reglemens, à condition que nous serons prealablement aduertis de qu'elle Communauté lesdites Religieuses seront demandees, pour y donner nostre consentement, & ordonner du temps qu'il sera necessaire qu'elles demeurent dans ladite maison de Berthaucourt. En témoin dequoy nous auons faict signer ces presentes par le Secretaire ordinaire de nostre Euesché. Donné à Amiens le vingtcinquiesme iour de Ianuier mil six cens quarante deux.

Vœux de Closture & renouuellement des vœux des Dames Abbesse & Religieuses de Berthaucourt.

FRANCOIS par la grace de Dieu Euesque d'Amiens : A tous ceux qui ces presentes lettres verront, Salut en N. Seigneur : Sçauoir faisons qu'à la priere & Requeste de la R^{de} Mere Sœur Margueritte de Bournel Abbesse de Berthaucourt, Sœurs Anne de Bigand, Marie Dipre, & Margueritte de Lespiné Religieuses Professes de ladite Abbaye, lesquelles de nostre permission, & pour les causes plus au long reprises dans leur Requeste, ont transfere ladite Abbaye du lieu de Berthaucourt en la Ville d'Abbeuille de nostre Diocese, & y ont faict construire vne Chappelle, & accommoder des lieux reguliers dans vne maison qu'elles ont acheptée à cét effet, pour y viure dans l'obseruance de leur Regle, & y faire vœu de Closture perpetuelle : Nous nous sommes transportez dans ledit lieu nouuellement establit, où en presence de Maistre Charles Picard, Prestre, Chanoine de nostre Eglise Cathedralle d'Amiens nostre Secretaire, & de Venerable & Discret Maistre Iean Barthelemy, Doyen de l'Eglise Collegiale de S. Vulphran d'Abbeuille, Maistre Nicolas le Leu, & Maistre Iean Glachant Prestres, & de quantité d'autres témoins : ladite Reuerende Abbesse & les Sœurs de Bigand, Dipre, & Lespiné, en renouuellans & ratifians les vœux par elles cy deuant faicts en ladite Abbaye, ont voüé & promis de garder la Closture perpetuelle, ainsi qu'il ensuit.

DIEV Tout puissant & Eternel : Nous Sœurs Margueritte de Bournel humble Abbesse de Nostre Dame de Berthaucourt, Anne de Bigand, Marie Dipre & Margueritte de Lespiné Religieuses de ladite Abbaye : Combien que tres-indignes de vostre Diuine presence : Nous confians toutesfois en vostre misericorde infinie, & poussees d'vn desir de vous seruir de bien en mieux, voüons & promettons de demeurer toute nostre vie en Closture perpetuelle lors que la maison en laquelle nous sommes presentement sera close & fermée, & ratifians les vœux que nous auons faicts en nostre premiere profession, & tout de nouueau comme déslors, quand mesme il y auroit eu quelque deffaut tel qu'il puisse estre, en presence de la sacrée Vierge Marie, de nostre

Pere S. Benoist, & de toute la Cour Celeste : Nous promettons à voſtre Diuine Majeſté de garder Pauureté, Chaſteté & Obedience perpetuelle en ladite Cloſture, & d'obſeruer les Statuts & Reglemens approuuez par Monſeigneur d'Amiens noſtre Superieur : Auſquels on ne pourra rien augmenter ny diminuer, ſans le conſentement de mondit Seigneur d'Amiens. Nous ſupplions donc voſtre infinie bonté & clemence, par le Sang precieux de Ieſus-Chriſt, qu'il vous plaiſe receuoir ceſte Holocauſte en odeur de ſuauité, & tout ainſi qu'il vous a pleu nous donner la grace pour ce deſirer, auſſi vous plaiſe nous la donner abondante pour le parfaire & accomplir, Amen. Ainſi ſigné, Sœur Margueritte de Bournel Abbeſſe, Sœur Anne de Bigand, Sœur Marie Dipre, Sœur Margueritte de Leſpiné, en témoin dequoy nous auons ſigné ces preſentes, & icelles faict contre-ſigner par noſtre dit Secretaire. Faict à Abbeuille le treiziéſme iour de Février mil ſix cens quarante deux. Signé FRANCOIS Eueſque d'Amiens. Et plus bas, Par mondit Seigneur Illuſtriſſime & Reuerendiſſime Eueſque d'Amiens PICARD. Et ſcellé du ſçeau de nos Armes.

Lesquels Reglemens ont esté faicts & ordonnez par maditte Dame Abbesse de Berthaucourt, soubs l'obedience de mondit Seigneur d'Amiens, aux soins & à la diligence de Maistre C. Foucault Prestre & Aumosnier du Roy, le sixiesme Avril mil six cens quarante deux.

www.ingramcontent.com/pod-product-compliance
Lightning Source LLC
Chambersburg PA
CBHW060453050426
42451CB00014B/3303